Sarah Retter

ITALY:
ITALIAN TRAVEL
PHRASES
for
ENGLISH SPEAKERS

© 2015 by Sarah Retter

© 2015 by UNITEXTO

Published by UNITEXTO

UNITEXTO
Digital Publishing

ITALY: ITALIAN TRAVEL PHRASES for ENGLISH SPEAKERS

Table of Contents

1.

Bank
Banca

1.1.
I want to make a withdrawal
Voglio fare un prelievo

1.2.
Could you give me some smaller notes?
Potresti darmi banconote di taglio più piccolo?

1.3.
I'd like to pay this in, please
Vorrei pagare questo, per favore

1.4.
How many days will it take for the check to clear?
Quanti giorni ci vorranno perché l'assegno sia incassabile?

1.5.
Can the passport serve as an ID?
Il passaporto può servire come carta d'identità?

1.6.
Here's my ID card
Ecco la mia carta d'identità

1.7.

I'd like to transfer some money to this account

Vorrei trasferire dei soldi su questo conto

1.8.

Could you transfer ... from my current account to my deposit account?

Potrebbe trasferire ... dal mio conto corrente al mio conto deposito?

1.9.

I'd like to open an account

Mi piacerebbe aprire un conto

1.10.

I'd like to open a personal account

Mi piacerebbe aprire un conto personale

1.11.

Can I open a business account?

Posso aprire un conto commerciale?

1.12.

Could you tell me my balance, please?

Potrebbe dirmi il mio saldo, per favore?

1.13.

Could I have a statement, please?

Potrei avere un estratto conto, per favore?

1.14.

I'd like to change some money

Vorrei cambiare dei soldi

1.15.

I'd like to order some foreign currency

Vorrei ordinare un po'di valuta estera

1.16.

What's the exchange rate for euros?

Qual è il tasso di cambio per l'euro?

1.17.

I'd like to exchange euros to dollars

Mi piacerebbe cambiare euro in dollari

1.18.

Could I order a new checkbook, please?

Potrei ordinare un nuovo libretto degli assegni, per favore?

1.19.

I'd like to cancel a check

Vorrei annullare un assegno

1.20.

I'd like to cancel this standing order

Vorrei annullare questo ordine permanente

1.21.

Where's the nearest cash machine?

Dov'è il bancomat più vicino?

1.22.

What's the interest rate on this account?

Qual è il tasso di interesse su questo conto?

1.23.

What's the current interest rate for personal loans?

Qual è il tasso di interesse corrente per i prestiti personali?

1.24.

I've lost my bank card

Ho perso la mia carta di credito

1.25.

I want to report a lost card

Voglio segnalare un carta persa

1.26.

I think my card has been stolen

Penso che la mia carta sia stata rubata

1.27.

We've got a joint account

Abbiamo un conto cointestato

1.28.

I'd like to tell you about a change of address

Vorrei riferirvi un cambiamento di indirizzo

1.29.

I've forgotten my Internet banking password

Ho dimenticato la password per l'Internet banking

1.30.

I've forgotten the PIN number for my card

Ho dimenticato il codice PIN della mia scheda

1.31.

I'll have a new one sent out to you

Ne avrò uno nuovo inviato da voi

1.32.

Could I make an appointment to see the manager?

Posso prendere un appuntamento per vedere il direttore?

1.33.

I'd like to speak to someone about a mortgage

Mi piacerebbe parlare con qualcuno per un mutuo

2. Bar

Bar

2.1.

Bring me a beer

Mi porti una birra

2.2.

Two beers, please

Due birre per favore

2.3.

Three shots of tequila, please

Tre shot di tequila, per favore

2.4.

I would like a glass of wine

Vorrei un bicchiere di vino

2.5.

I'll have the same, please

Vorrei lo stesso, per favore

2.6.

Nothing for me, thank you

Niente per me, grazie

2.7.

I'll pay for everyone

Pagherò io per tutti

2.8.

Another round, please

Un altro giro, per favore

2.9.

Are you still serving drinks?

Sta ancora servendo bevande?

2.10.

Do you have any snacks?

Avete snack?

2.11.

Do you have any sandwiches?

Avete panini?

2.12.

Do you serve food?

Servite cibo?

2.13.

What time does the kitchen close?

A che orachiude la cucina?

2.14.

Are you still serving food?

Servite ancora cibo?

2.15.

What sort of sandwiches do you have?

Che tipo di panini avete?

2.16.

Do you have any hot food?

Avete qualche cibo caldo?

2.17.

Could we see a menu, please?

Potremmo vedere un menu, per favore?

2.18.

Can I smoke inside?

Posso fumare all'interno?

2.19.

Do you mind if I smoke?

Ti dispiace se fumo?

2.20.

Would you like a cigarette?

Vuoi una sigaretta?

2.21.

Have you got a light?

Hai un accendino?

3. Boutique
Boutique

3.1.

Could I try this on?

Potrei provare questo?

3.2.

Could I try these shoes on?

Potrei provare queste scarpe?

3.3.

I need the size ...

Ho bisogno della taglia ...

3.4.

Do you have these shoes in size ...?

Avete queste scarpe della misura...?

3.5.

Do you have the trousers in size ...?

Avete pantaloni taglia ...?

3.6.

Do you have a fitting room?

Avete un camerino?

3.7.

Where's the fitting room?

Dov'è il camerino?

3.8.

Have you got this in a smaller size?

Avete questo in una taglia più piccola?

3.9.

Have you got this in a larger size?

Avete questo in una taglia più grande?

3.10.

Does this fit me??

Questo mi sta bene??

3.11.

The shirt is too big, I don't like it

La camicia è troppo grande, non mi piace

3.12.

The pants are too small, I can't fit in them

I pantaloni sono troppo piccoli, non mi stanno bene

3.13.

I need some high heels, can you help me?

Ho bisogno di tacchi alti, mi potete aiutare?

3.14.

Do you have this sweater in another color?

Avete questo maglione in un altro colore?

3.15.

What material is this made of?

Di che materiale è fatto?

3.16.

Can I wash this skirt at home?

Posso lavare questa gonna a casa?

3.17.

Does this suit require dry-cleaning?

Fa questo completo richiede lavaggio a secco?

3.18.

Can I use the fitting room?

Posso usare il camerino?

4.

Bus travel
Viaggio in Bus

4.1.

Where can I buy tickets?

Dove posso acquistare i biglietti?

4.2.

I need one child return ticket

Ho bisogno di un biglietto di ritorno per un bambino

4.3.

Where's the ticket office?

Dov'è la biglietteria?

4.4.

What time's the next bus to ...?

A che ora passa il prossimo autobus per ...?

4.5.

Can I buy a ticket on the bus?

Posso acquistare un biglietto sul bus?

4.6.

I'd like a return to ..., coming back on Sunday

Mi servirebbe un ritorno a ..., tornando la Domenica

4.7.

Where do I change for ...?

Dove posso cambiare per ...?

4.8.

Can I have a timetable, please?

Posso avere una tabella oraria, per favore?

4.9.

How often do the buses run to ...?

Con quale frequenzapassano gli autobus per ...?

4.10.

The bus is running late

L'autobus è in ritardo

4.11.

The bus has been cancelled

L'autobus è stato annullato

4.12.

Does this bus stop at ...?

Questo bus si ferma a ...?

4.13.

Could you tell me when we get to …?

Potrebbe avvisarmi quando arriviamo a …?

4.14.

Is this seat taken?

È occupato questo posto?

4.15.

Do you mind if I sit here?

Le dispiace se mi siedo qui?

4.16.

I've lost my ticket. What should I do?

Ho perso il mio biglietto. Cosa dovrei fare?

4.17.

What time do we arrive in …?

A che ora si arriva a …?

4.18.

What's this stop?

Che fermata è questa?

4.19.

What's the next stop?

Qual è la prossima fermata?

4.20.

This is my stop. Can you let me get off?

Questa è la mia fermata. Può farmi scendere?

4.21.

I'm getting off here. Could you please move a bit?

Sto scendendo qui. Per favoresi potrebbe spostare un po'?

4.22.

How many stops is it to ...?

Tra quante fermate è ...?

4.23.

How much is the ticket to ...?

Quanto costa il biglietto per ...?

4.24.

Where is the bus station, please?

Dove si trova la stazione degli autobus, per favore?

4.25.

When does the bus leave for...?

Quando parte l'autobus per ...?

4.26.

How many stops before...?

Quante fermate prima di ...?

5. Business meetings
Riunioni d'affari

5.1.

I would like to schedule a meeting with you

Vorrei organizzare un incontro con voi

5.2.

Are you available next week?

Sei disponibile la prossima settimana?

5.3.

Can I reschedule our meeting?

Posso riprogrammare il nostro incontro?

5.4.

I'll call you in the morning to confirm the time

Ti chiameròin mattinata per confermare l'orario

5.5.

When should we arrive?

Quando dovremmo arrivare?

5.6.

Where's the event going to happen?

Dove si svolgerà l'evento?

5.7.

Are there going to be some presentations?

Stanno per esserci delle presentazioni?

5.8.

Who is presenting tonight?

Chi presenta stasera?

5.9.

What's this girl's name?

Qual è il nome di questa ragazza?

5.10.

Can you please introduce us?

Potete presentarciper favore?

5.11.

Who is the guy in the corner?

Chi è il ragazzo all'angolo?

5.12.

Do you know the man in the gray suit?

Conosci l'uomo in abito grigio?

5.13.

What's your last name?

Qual è il tuo cognome?

5.14.

Can I get your business card?

Posso avere il tuo biglietto da visita?

5.15.

Could you write down your number, please?

Potresti scrivere il tuo numero, per favore?

5.16.

Can we talk about the job now?

Possiamo parlare del lavoro ora?

5.17.

I would like to see your boss

Mi piacerebbe vedere il tuo capo

5.18.

Can I speak to your mentor?

Posso parlare con il tuo mentore?

5.19.

This is my associate, Mr. ...

Questo è il mio socio, il signor ...

5.20.

I hope your secretary gave you my message

Spero che la vostra segretaria vi ha riferito il mio messaggio

5.21.

Should we get out of the office and go for a lunch?

Dovremmo uscire dall'ufficio e andare a pranzo?

5.22.

What do you think about my proposal?

Cosa ne pensi della mia proposta?

5.23.

I would like to know your opinion

Mi piacerebbe conoscere la tua opinione

5.24.

I wanted to ask you for an advice

Volevo chiederti un consiglio

5.25.

I want to talk about investing in my company

Voglio parlare di investimenti nella mia azienda

6. Coffee
Caffè

6.1.

Can I get a coffee?
Posso prendere un caffè?

6.2.

I'll have a coffee, please
Vorrei un caffè, per favore

6.3.

An orange juice for me, please
Un succo d'arancia per me, per favore

6.4.

Bring me a tea
Portatemi un tè

6.5.

Do you have frappes?
Avete frappes?

6.6.

Double espresso with cream, please
Doppio espresso con panna, per favore

6.7.

Can I have a macchiato?
Posso avere un macchiato?

6.8.

Just a glass of water for me

Solo un bicchiere d'acqua per me

6.9.

I'll have a hot chocolate

Vorrei una cioccolata calda

6.10.

Do you have any fresh juice?

Avete qualche succo fresco?

6.11.

Have you got lemonade?

Avete della limonata?

6.12.

I've already ordered

Ho già ordinato

6.13.

How much do I owe you?

Quanto le devo?

6.14.

Keep the change!

Tenga il resto!

6.15.

Do you have internet access here?

Avete una connessione internet?

6.16.

Do you have wireless internet here?

Avete internet wireless qui?

6.17.

What's theWi-Fi password?

Qual è la password del Wi-Fi?

6.18.

Can you move my drink, I'll sit outside

Potete spostare la mia bevanda, mi siedo fuori

6.19.

Where is the restroom?

Dov'è il bagno?

6.20.

Do you serve alcoholic drinks?

Servite bevande alcoliche?

6.21.

What kind of tea do you have?

Che tipo di tè avete?

7.

Car accidents

Incidenti automobilistici

7.1.

Can you call the police?

Puoi chiamare la polizia?

7.2.

I have a flat tire, can you call help?

Ho una gomma a terra, puoi chiamare aiuto?

7.3.

I'm out of gas, is there any gas station near?
Sono rimasto senza, c'è qualche stazione di servizio qui vicino?

7.4.

My breaks aren't working, what should I do?
Le mie pause non funzionano, cosa devo fare?

7.5.

There was a major collision, what happened?
C'è stato un grande scontro, cosa è successo?

7.6.

I'm hurt, can you call the ambulance?
Sono ferito, puoi chiamare l'ambulanza?

7.7.

Is doctor on his way?
Il medico sta arrivando?

7.8.

Did you see the car coming?
Hai visto la macchina in arrivo?

7.9.

Where is the nearest hospital?
Dove si trova l'ospedale più vicino?

7.10.

Is the ambulance coming?

L'ambulanza sta arrivando?

7.11.

Do you have a first aid kit?

Avete un kit di pronto soccorso?

7.12.

Am I getting a ticket?

Mi sta facendo una multa?

7.13.

Did you have a car accident?

Hai avuto un incidente d'auto?

7.14.

Is this the truck that hit you?

È questo il camion che ti ha colpito?

7.15.

Here's my ID

Ecco la mia carta di identità

7.16.

Do you need my license?

Avete bisogno della mia patente?

7.17.

I've witnessed the accident

Ho assistito all'incidente

7.18.

Where's the nearest car repair shop?

Dov'è il negozio di riparazione di autopiù vicino?

7.19.

Do you have spare parts for...?

Avete pezzi di ricambio per ...?

7.20.

Can you help me pull my car?

Puoi aiutarmi a spingere la mia auto?

7.21.

Can I leave the car here?

Posso lasciare la macchina qui?

7.22.

What's wrong with my car?

Cosa c'è che non va con la mia auto?

7.23.

How much is it going to cost?

Quanto costerà?

7.24.

I got hit by another car; can insurance cover the cost?

Sono stato colpito da un'altra auto; l'assicurazione può coprire i costi?

7.25.

It wasn't my fault at all

Non è stata colpa mia

7.26.

I was on the main road and he came from the

side street
Ero sulla strada principale e lui è venuto dalla strada laterale

8. Car rental
Noleggio auto

8.1.
I would like to rent a car
Vorrei noleggiare un'auto

8.2.
Do you have any cars available?
Avete delle auto a disposizione?

8.3.
I have a reservation under the name ...
Ho una prenotazione a nome di ...

8.4.
I have a reservation for a small car
Ho una prenotazione per una vettura di piccole dimensioni

8.5.
I'll need it for a week
Ne avrò bisogno per una settimana

8.6.
Can I get a car for the next month?
Posso avere una macchina per il prossimo mese?

8.7.

Do I need to leave you any documents?

Devo lasciarvi dei documenti?

8.8.

How much does the renting cost?

Quanto costa il noleggio?

8.9.

What's the price per kilometer?

Qual è il prezzo per chilometro?

8.10.

Is it manual or automatic?

È manuale o automatico?

8.11.

Does it take petrol or diesel?

Va a benzina o diesel?

8.12.

Can you show me the controls?

Mi può mostrare i comandi?

8.13.

Does this car have central locking?

Questa vettura ha la chiusura centralizzata?

8.14.

Does it have child locks?

Ha la sicura per il bambini?

8.15.

Here's my driving license

Ecco la mia patente di guida

8.16.

When do I need to return it?

Quando devo restituirla?

8.17.

Do I have to return it with the full tank?

Devo restituirla con il serbatoio pieno?

8.18.

Can you show me how to open the boot?

Puoi mostrarmi come aprire il bagagliaio?

8.19.

Where do I turn on the lights?

Da dove posso accendere le luci?

8.20.

Where are the windscreen wipers?

Dove sono i tergicristalli?

8.21.

Can I get insurance?

Posso ottenere l'assicurazione?

8.22.

Does the car have insurance?

Questa macchina ha l'assicurazione?

8.23.

Does the car have all the necessary

accessories?
L'auto ha tutti gli accessori necessari?

8.24.

How much do you charge if I'm an hour late?
Quanto devo pagare se ritardo di un'ora?

8.25.

What are your business hours?
Quali sono i vostri orari di apertura?

8.26.

Do you work on Sunday?
Lavorate di Domenica?

9. Car travel
Viaggio inauto

9.1.

I'm driving. Can you call me back?
Sto guidando. Puoi richiamarmi?

9.2.

Can you slow down a bit?
Puoi rallentare un po'?

9.3.

Can you stop here for a moment?
Ti puoi fermare qui per un momento?

9.4.

Can we take a break here?
Possiamo fare una pausa qui?

9.5.

Are we going to arrive by the evening?

Arriveremo entro sera?

9.6.

When should we arrive?

Quando dovremmo arrivare?

9.7.

Do you know directions to ...?

Conosci il percorso per...?

9.8.

Can you show me the way to ...?

Mi puoi mostrare la strada per ...?

9.9.

How do I get to the ...?

Come posso raggiungere il ...?

9.10.

Is there an alternative road?

Esiste una strada alternativa?

9.11.

Is there a detour or should I enter the city?

C'è una deviazione o devo entrare in città?

9.12.

How can I avoid the traffic jam?

Come posso evitare l'ingorgo?

9.13.

Are we going towards the highway?

Stiamo andando verso l'autostrada?

9.14.

Is this the right road?

È questa la strada giusta?

9.15.

Where are you going to park?

Dove stai parcheggiando?

9.16.

Is this a public parking?

È un parcheggio pubblico?

9.17.

There's an empty parking lot

C'è un parcheggio vuoto

9.18.

How do I pay for the parking?

Come faccio a pagare per il parcheggio?

9.19.

Can I go left here?

Posso andare a sinistra qui?

9.20.

Am I allowed to go right here?

Posso prendere da qui?

9.21.

Are we going left or right now?

Dobbiamo andare a sinistra oa destra ora?

9.22.

I don't know where to go on the next intersection

Non so dove devo andare dopo il prossimo incrocio

9.23.

What's the speed limit here?

Qual è il limite di velocità qui?

9.24.

What does this sign mean?

Che cosa significa questo segnale?

9.25.

Should I go over the bridge?

Dovrei andare oltre il ponte?

9.26.

What is the shortest way to get to the...?

Qual è la strada più breve per arrivare al ...?

9.27.

How many kilometers to...?

Quanti chilometri ci sono per ...?

9.28.

Is this the way for...?

È questa la strada per...?

9.29.

Where does this road go?

Dove porta questa strada?

9.30.

What is the maximum speed allowed?

Qual è la velocità massima consentita?

10. Children
Bambini

10.1.

Do children need visa?

I bambini hanno bisogno del visto?

10.2.

What's the children policy?

Qual è la politica per i bambini?

10.3.

Do children get a discount?

I bambini usufruiscono di uno sconto?

10.4.

Do children need a separate seat?

I bambini hanno bisogno di un sedile separato?

10.5.

Can I get an extra bed for a child?

Posso avere un letto aggiuntivo per un bambino?

10.6.

Do I need to pay the full price to get a children's seat?

Devo pagare il prezzo pieno per ottenere un seggiolino per bambini?

10.7.

Is there a toy store nearby?

C'è un negozio di giocattoli nelle vicinanze?

10.8.

Where can I buy gifts for my children?

Dove posso comprare dei regali per i miei figli?

10.9.

My son is 2; does he need a ticket?

Mio figlio ha 2 anni; Ha bisogno di un biglietto?

10.10.

Is there room for pram?

C'è spazio per la carrozzina?

10.11.

What do I need to sign so my child can travel without me?

Cosa ho bisogno di firmare per fare in modo che il mio bambino possa viaggiare senza di me?

10.12.

Here's my baby's Passport

Ecco il passaporto del mio bambino

10.13.

How long is the child's passport valid?

Quanto dura la validità del passaporto del bambino?

10.14.

Do you offer any daycare service at the hotel?

Offrite servizio di asilo nido presso l'hotel?

10.15.

Are there any activities for children?

Ci sono attività per i bambini?

10.16.

Where can I take my children today?

Dove posso portare i miei figli oggi?

10.17.

I need a babysitter for few hours

Ho bisogno di una babysitter per qualche ora

10.18.

Are children allowed in a restaurant?

Sono ammessi i bambini in un ristorante?

10.19.

Are children allowed at the event?

Sono ammessi i bambini durante l'evento?

10.20.

Does the TV in our room have cartoons?

La TV in camera nostra ha cartoni animati?

11.

Cinema

Cinema

11.1.

I'd like to see a movie, is there a cinema near us?

Mi piacerebbe vedere un film, c'è un cinema qui vicino?

11.2.

What's on at the cinema?

Cosa c'è al cinema?

11.3.

Is there anything good on at the cinema?

C'è qualcosa di bello al cinema?

11.4.

What's this film about?

Di cosa parla film?

11.5.

Shall we get some popcorn?

Vogliamo prendere dei popcorn?

11.6.

Do you want salted or sweet popcorn?

Vuoi popcorn salati o dolci?

11.7.

Do you want to drink something?

Vuoi bere qualcosa?

11.8.

Where shall we sit?

Dove dobbiamo sederci?

11.9.

I would like to sit near the back, if possible

Vorrei stare vicino alla parte posteriore, se possibile

11.10.

I prefer to be near the front, if there are available seats

Preferisco stare vicino alla parte anteriore, se ci sono posti disponibili

12. Communication
Comunicazione

12.1.

Do you understand me?

Mi capisci?

12.2.

Do you speak English?

Parli inglese?

12.3.

Do you speak French?

Parli francese?

12.4.

Do you speak Spanish?

Parli spagnolo?

12.5.

Do you speak German?

Parli tedesco?

12.6.

Can you repeat that?

Puoi ripetere?

12.7.

How do you say ... in English?

Come si dice ... in inglese?

12.8.

What did she say?

Cosa ha detto lei?

12.9.

What does it mean?

Cosa vuol dire?

12.10.

Can you please translate that?

Puoi tradurlo per favore?

12.11.

How do you spell it?

Come lo pronunci?

12.12.

Can you please write that down?

Puoi scriverlo per favore?

12.13.

I need to write it down. Can you please repeat?

Necessito di scriverlo. Puoi ripetere per favore?

12.14.

Would you write your address here?

Potresti scrivere il tuo indirizzo qui?

12.15.

Can you write your phone number here?

Potete scrivere il tuo numero di telefono qui?

12.16.

Can I hear your email address letter by letter?

Posso sentire il tuo indirizzo e-mail lettera per lettera?

12.17.

Can you send it to my email?

Potete inviarlo al mio indirizzo email?

12.18.

Can you call him on the phone?

Puoi chiamarlo al telefono?

13. Consulate

Consolato

13.1.

Where is the ... consulate?

Dov'è il consolato di...?

13.2.

What's the number to call the consulate?

Qual è il numero per chiamare il consolato?

13.3.

How do I get to the ... consulate?

Come posso raggiungere il consolato di ... ?

13.4.

Can you show me the directions to the ... consulate?

Mi può mostrare le indicazioni per il consolato di ... ?

13.5.

Do you know the consulate address?

Conosci l'indirizzo del consolato?

13.6.

How can I reach the consulate?

Come posso raggiungere il consolato?

13.7.

I need to speak with someone from the consulate

Ho bisogno di parlare con qualcuno del consolato

13.8.

Can I reach the consulate in case of emergency?

Posso raggiungere il consolato in caso di emergenza?

13.9.

Where's the ... consulate located?

Dov'è situato l'consolato di ...?

14. Customs
Dogana

14.1.

Do you need me to open my bag?

Necessita di aprire la mia borsa?

14.2.

I have nothing to declare

Non ho niente da dichiarare

14.3.

I have some goods to declare

Ho alcuni beni di dichiarare

14.4.

Do I have to pay duty on these items?

Devo pagare i dazi su questi oggetti?

14.5.

This is from a duty-free shop

Si tratta di un negozio esente da dazio

14.6.

Are you going to go through my luggage?

Avete intenzione di ispezionare il mio bagaglio?

14.7.

Is this a subject to custom duty?

È soggetto a dazio doganale?

14.8.

I have all the necessary papers for this item

Ho tutti i documenti necessari per questo articolo

14.9.

Is this an exemption from customs duty?

Questa è un'esenzione dai dazi doganali?

14.10.

I have golden jewelry to declare

Ho gioielli d'oro da dichiarare

14.11.

These are gifts for my wife and children

Questi sono regali per mia moglie ei miei figli

14.12.

Am I allowed to bring ...?

Mi è permesso portare ...?

14.13.

I don't have any foreign currency

Non ho alcuna valuta estera

14.14.

Where is the customs clearance?

Dov'è lo sdoganamento?

14.15.

I have the license for importing

Ho la licenza per l'importazione

14.16.

I paid the customs. Here's my certifícate

Ho pagato la dogana. Ecco il mio certificato

15. Directions
Indicazioni

15.1.

Can you show me how to get to the ... ?

Puoi mostrarmi come raggiungere il ...?

15.2.

What's the closest route to the ... ?

Qual è il percorso più vicino alla ...?

15.3.

I'm headed to the ... Can you help me?

Sto andando al ... Potete aiutarmi?

15.4.

How to get to the ... ?

Come arrivare a ...?

15.5.

I'm lost. Can you help me?

Mi sono perso. Mi potete aiutare?

15.6.

I don't know which road to take. Can you help?

Non so quale strada prendere. Puoi aiutarmi?

15.7.

There's no sign. Where should I go?

Non c'e 'traccia. Dove dovrei andare?

15.8.

I don't see any road sign, should I turn left or right?

Non vedo alcun segnale stradale, dovrei girare a sinistra oa destra?

15.9.

Do you have GPS?

Avete GPS?

15.10.

What does the GPS say?

Cosa dice il GPS?

15.11.

Can you turn on the GPS?

Puoi accendere il GPS?

15.12.

The GPS directions aren't good, we should ask

someone

Le indicazioni GPS non sono esatte, dovremmo chiedere a qualcuno

15.13.

Do you know how can we get to ... ?

Sapete come possiamo arrivare a ...?

15.14.

I'm looking for a street named ...

Sto cercando una via chiamata ...

15.15.

Where's the number ... in this street?

Dov'è il numero ... in questa strada?

15.16.

I need to be at the café ... in 10 minutes, where is it?

Ho bisogno di essere al bar ... in 10 minuti, dove si trova?

15.17.

Is this a one-way street?

Si tratta di una strada a senso unico?

15.18.

Will I arrive faster by car or by walking?

Arriverei più velocemente in auto o a piedi?

15.19.

Is there a traffic jam downtown?

C'è un ingorgo in centro?

16.   Discomfort
Disagio

16.1.

Can I get another seat?

Posso avere un altro posto?

16.2.

Can I change the departure time?

Posso cambiare l'orario di partenza?

16.3.

Can I open the window?

Posso aprire la finestra?

16.4.

Can you turn up the heating?

Si può alzare il riscaldamento?

16.5.

Can I use the restroom?

Posso usare il bagno?

16.6.

Can I use the shower?

Posso usare la doccia?

16.7.

Can you move me to the other department?

Mi portarmi verso l'altro reparto?

16.8.

This is not what I've ordered

Questo non è quello che ho ordinato

16.9.

This isn't fresh

Questo non è fresco

16.10.

Can I speak to your manager?

Posso parlare con il tuo capo?

16.11.

Can we sit in a non-smoking area?

Possiamo sederci in una zona non fumatori?

16.12.

Can you please put off the cigarette?

Potete per favore spegnere la sigaretta?

16.13.

It's too cold in here

Fa troppo freddo qui

16.14.

I can't see anything from here

Non riesco a vedere nulla da qui

16.15.

Can you move a little bit so I can pass?

Si può spostare un po'così posso passare?

16.16.

Can I cut in front of you? I only have one item

Posso passareavanti? Ho solo una cosa

16.17.

We've been here for 20 minutes. Can we

order?

Siamo qui da 20 minuti. Possiamo ordinare?

16.18.

The bathroom is out of order. Is there another one?

Il bagno è fuori uso. Cen'è un altro?

16.19.

Excuse me, I don't feel very well

Mi scusi, non mi sento molto bene

16.20.

I'll have to go now

Dovrei andare ora

16.21.

I'm tired, I have to go to sleep

Sono stanco, devo andare a dormire

16.22.

I have an early meeting tomorrow, I have to leave you now

Ho una riunione domani mattina presto, devo lasciarti ora

16.23.

I have to go back to get my jacket

Devo tornare prendere la mia giacca

16.24.

Do you have an extra jacket I could borrow?

Hai una giacca in più che potrei prendere in prestito?

16.25.

It's raining outside; do you have a dryer?

Fuori piove; avete un asciuga capelli?

16.26.

Can I get a clean glass? This one has some stains

Posso avere un bicchiere pulito? Questo ha alcune macchie

17.   Embassy
Ambasciata

17.1.

Where is the ... embassy?

Dove si trova all'ambasciata di ... ?

17.2.

Do you have the embassy's number?

Avete il numero dell'ambasciata?

17.3.

How do I get to the ... embassy?

Come posso raggiungere l'ambasciata di ... ?

17.4.

Can you show me the directions to the ... embassy?

Mi puoi mostrare le indicazioni per l'ambasciata di ... ?

17.5.

Do you know the embassy address?

Conosci l'indirizzo dell'ambasciata?

17.6.

How can I reach the embassy?

Come posso raggiungere l'ambasciata?

17.7.

I need to speak with someone from the embassy

Ho bisogno di parlare con qualcuno dall'ambasciata

17.8.

Where can I see you regarding my visa status?

Dove posso incontrarti per quanto riguarda lo stato del mio visto?

17.9.

Can I reach the embassy in case of emergency?

Posso raggiungere l'ambasciata in caso di emergenza?

17.10.

Where's the ... embassy located ?

Dov'è situata l'ambasciata ...?

18.   Gas station
Distributore di benzina

18.1.

Do we need to stop for the gas?

Abbiamo bisogno di fermarci per la benzina?

18.2.

Is there any gas station near?

C'è un distributore di benzina qui vicino?

18.3.

I'm going to be out of fuel soon

Sto per finire la benzina

18.4.

Is oil level okay?

Il livello dell'olio va bene?

18.5.

Do you have diesel?

Avete diesel?

18.6.

Do you have a tire pump?

Avete una pompa per gli pneumatici?

18.7.

Do you have a car wash here?

Avete un autolavaggio qui?

18.8.

Can I wash my car?

Posso lavare la mia auto?

18.9.

How much does washing cost?

Quanto costa lavaggio?

18.10.

How much does a liter of gas cost?

Quanto costa un litro di benzina?

18.11.

Could you check my tires?

Può controllare le mie gomme?

18.12.

Fill it up, please

Il pieno, per favore

18.13.

Should I go inside to pay?

Devo andare dentro per pagare

18.14.

Is there a parking lot behind?

C'è un parcheggio dietro?

18.15.

We have just passed the gas station, can we go back?

Abbiamo appena superato la stazione di servizio, possiamo tornare indietro?

19.   Hairdresser
Parrucchiere

19.1.

I'd like a haircut, please

Vorrei un taglio di capelli, per favore

19.2.

Do I need a reservation?

Ho bisogno di una prenotazione?

19.3.

Are you able to see me now?

Sei in grado di vedermi adesso?

19.4.

Can I make an appointment for tomorrow?

Posso prendere un appuntamento per domani?

19.5.

Can you wash my hair?

Puoi lavarmi i capelli?

19.6.

I'd like some highlights

Mi piacerebbero alcuni colpi di sole

19.7.

Can I get a coloring?

Posso avere una colorazione?

19.8.

I would like a blow-dry

Vorrei una piega

19.9.

Could you trim my beard, please?

Potrebbe tagliarmi la barba, per favore?

19.10.

Could you trim my moustache, please?

Potrebbe tagliarmi i baffi, per favore?

19.11.

Can you put some wax?

Puoi mettere un po'di cera?

19.12.

Can I have some gel?

Posso avere un po 'di gel?

19.13.

Please don't put any products on my hair

Per favore non metta alcun prodotto sui miei capelli

20.   Health
Salute

20.1.

I'm sick, can you call a doctor?

Sto male, puoi chiamare un dottore?

20.2.

I'm not feeling well, can you help me?

Non mi sento bene, mi puoi aiutare?

20.3.

I'm nauseated, what should I do?

Sono nauseato, cosa devo fare?

20.4.

Is there any nurse?

C'è un'infermiera?

20.5.

I need a doctor urgently!

Ho bisogno di un medico con urgenza!

20.6.

Where's the ER?

Dov'è il pronto soccorso?

20.7.

I've got the prescription from the doctor

Ho la prescrizione del medico

20.8.

Can you give me something for headache?

Mi può dare qualcosa per il mal di testa?

20.9.

Can you recommend anything for a cold?

Mi può consigliare qualcosa per un raffreddore?

20.10.

Do you have any rash cream?

Avete qualche crema per eruzioni?

20.11.

I need something for mosquito bites

Ho bisogno di qualcosa per le punture di zanzara

20.12.

Do you have anything to help me stop smoking?

Avete qualcosa per aiutarmi a smettere di fumare?

20.13.

Do you have nicotine patches?

Avete cerotti alla nicotina?

20.14.

Can I buy this without a prescription?

Posso acquistare questo senza prescrizione medica?

20.15.

Does it have any side-effects?

Ha effetti collaterali?

20.16.

I'd like to speak to the pharmacist, please

Mi piacerebbe parlare con il farmacista, per favore

20.17.

Do you have something for sore throat?

Avete qualcosa per il mal di gola?

20.18.

Any help for chapped lips?

Qualsiasi aiuto per le labbra screpolate?

20.19.

I need cough medicine

Ho bisogno di medicine per la tosse

20.20.

I feel sick when I travel, what should I do?

Mi sento male quando sono in viaggio, cosa devo fare?

20.21.

Can I make an appointment to see the dentist?

Posso prendere un appuntamento per vedere il dentista?

20.22.

One of my fillings has come out, can you do something?

Una delle mie otturazioni è uscita fuori, può fare qualcosa?

20.23.

I have a severe toothache, what should I do?

Ho un gran mal di denti, che cosa devo fare?

20.24.

I broke a tooth, I need a dentist urgently
Mi si è rotto un dente, ho bisogno urgentemente di un dentista

20.25.

My kid is not feeling well, where is the nearest ambulance?
Mio figlio non si sente bene, dove si trova l'ambulanza più vicina?

20.26.

I ate something bad, I need a stomach medicine
Ho mangiato qualcosa di cattivo, ho bisogno di una medicina per lo stomaco

20.27.

I need an allergy medicine
Ho bisogno di un farmaco per l'allergia

21.   Hotel
Hotel

21.1.

Where's our hotel reservation?
Dov'è la nostra prenotazione per l'albergo?

21.2.

Where are we going to stay?

Dove staremo?

21.3.

Did you reserve the hotel?

Hai prenotato l'albergo?

21.4.

Did you find accommodation?

Hai trovato un alloggio?

21.5.

Do you have the hotel address?

Avete l'indirizzo dell'hotel?

21.6.

What's the hotel's phone number?

Qual è il numero di telefono dell'hotel?

21.7.

Do you have my reservation?

Avete la mia prenotazione?

21.8.

I've made the reservation under the name ...

Ho fatto la prenotazione a nome di ...

21.9.

My booking was for a single room

La mia prenotazione era per una camera singola

21.10.

My booking was for a double room

La mia prenotazione era per una camera doppia

21.11.

My booking was for a twin room

La mia prenotazione era per una camera doppia

21.12.

What is my room number?

Qual è il numero della mia camera?

21.13.

Which floor is my room on?

A che piano è la mia stanza?

21.14.

Where can I get my keys?

Dove posso trovare le mie chiavi?

21.15.

Where are the lifts?

Dove sono gli ascensori?

21.16.

Could I have a wake-up call at seven o'clock?

Potrei avere la sveglia alle sette?

21.17.

Do you lock the front door at night?

Di notte blocchi la porta di casa?

21.18.

What do I do if I come back after midnight?

Cosa devo fare se dovessi tornare dopo la mezzanotte?

21.19.

Can I get my key, please?

Posso avere la mia chiave, per favore??

21.20.

Do you need to know how long we're staying for?

Avete bisogno di sapere per quanto tempo resteremo?

21.21.

Could we have an extra bed?

Potremmo avere un letto in più?

21.22.

Does the room have the air condition?

La camera ha l'aria condizionata?

21.23.

When do you serve breakfast?

Quando servite la colazione?

21.24.

When is the dinner being served?

Quandoservite la cena?

21.25.

Is the restaurant open?

È aperto il ristorante?

21.26.

Can I conduct a meeting somewhere in the

hotel?
Posso condurre una riunione da qualche parte in albergo?

21.27.

Do you have a pool?
Avete una piscina?

21.28.

Can I use the gym?
Posso usare la palestra?

21.29.

Are there any messages for me?
Ci sono messaggi per me?

21.30.

Can we have separate rooms?
Possiamo avere camere separate?

21.31.

Does the room have the mini-bar?
La camera ha il mini-bar?

21.32.

Is there a TV in my room?
C'è una TV in camera mia?

22. Luggage
Bagagli

22.1.

Where's my luggage?

Dov'è il mio bagaglio?

22.2.

My luggage got lost, can you help me?

Il mio bagaglio è perso, mi potete aiutare?

22.3.

I don't see my suitcase on the luggage conveyor

Non vedo la mia valigia sul nastro trasportatore dei bagagli

22.4.

Is my bag lost?

La mia valigia è andata persa?

22.5.

Can you help me find my luggage?

Potete aiutarmi a trovare il mio bagaglio?

22.6.

Can someone take my luggage?

Qualcuno può prendere il mio bagaglio?

22.7.

Can the bellboy help me with my luggage?

Il fattorino può aiutarmi con il mio bagaglio?

22.8.

I can't carry all my bags, can you help me?

Non posso portare tutte le mie borse, mi potete aiutare?

22.9.

I don't have a lot of luggage, I'll take it myself

Non ho molti bagagli, li porterò da solo

22.10.

I only have one bag

Ho solo una sola borsa

22.11.

Please be careful, it's fragile

Si prega di fare attenzione, è fragile

22.12.

I have some fragile gifts in my luggage, don't break them

Ho alcuni regali fragili nel mio bagaglio, non li rompere

22.13.

Can you help the lady with her luggage?

Potete aiutare la signora con il suo bagaglio?

22.14.

Where can I get a luggage cart?

Dove posso trovare un carrello per i bagagli?

22.15.

Where can I measure the weight of my luggage?

Dove posso misurare il peso del mio bagaglio?

22.16.

Can I repack here?

Posso rifare le valigie qui?

22.17.

I'm not done packing yet

Non ho ancora finito di rifare le valigie

22.18.

Did you pack everything?

Hai messo tutto in valigia?

22.19.

I've finished packing, I'll wait for you outside

Ho finito di fare la valigia, ti aspetto fuori

22.20.

Let me help you with your bags

Lascia che ti aiuti con i bagagli

22.21.

Did you put the bags in the car?

Hai messo i bagagli in macchina?

22.22.

Help me get the luggage in the trunk

Aiutami a mettere i bagagli nel bagagliaio

22.23.

Keep an eye on the bags

Tieni d'occhio le valigie

22.24.

Can you watch my bags for a minute?

Potete guardare i miei bagagli per un minuto?

22.25.

I need to use the bathroom. Can I leave my bag here?

Ho bisogno di usare il bagno. Posso lasciare la mia borsa qui?

22.26.

Do you want me to watch your bags until you come back?

Vuoi che guardi i tuoi bagagli finché non torni?

23. Metro travel
Viaggio in Metro

23.1.

Where's the closest metro station?

Dov'è la stazione della metropolitana più vicina?

23.2.

Can I get to ... with metro?

Posso arrivare a ... con la metropolitana?

23.3.

Where can I buy a metro ticket?

Dove posso acquistare un biglietto della metropolitana?

23.4.

How many stops are there to ... ?

Quante fermate ci sono per ...?

23.5.

Do I need to make connections to go to ... ?

Devo fare collegamenti per andare a ...?

23.6.

What's the metro ticket price?

Qual è il prezzo del biglietto della metro?

23.7.

Is there any discount for children?

C'è qualche sconto per i bambini?

23.8.

Can you tell me when should I arrive to ... ?

Puoi dirmi quando dovrei arrivare a ...?

23.9.

How often does the train go?

Con quale frequenza passa il treno?

23.10.

Should I take the metro or the bus?

Dovrei prendere la metropolitana o l'autobus?

23.11.

I need to go to ... . Can metro take me there?

Ho bisogno di andare a .... La metropolitana può portarmi lì?

23.12.

Do you have a timetable?

Avete una tabella oraria?

23.13.

Do you have a map for metro lines?

Avete una mappa per le linee della metropolitana?

23.14.

Will you tell me when I get to the ...?

Mi dirai quando arriverò al ...?

24. Money

Denaro

24.1.

Have you got the money?

Hai i soldi?

24.2.

I forgot the money, I need to go back

Ho dimenticato i soldi, ho bisogno di tornare indietro

24.3.

I have the money here

Ho i soldi qui

24.4.

Do we have enough money?

Abbiamo abbastanza soldi?

24.5.

How much cash do we need?

Di quanto denaro abbiamo bisogno?

24.6.

Can I pay in cash?

Posso pagare in contanti?

24.7.

Can I pay with credit card?

Posso pagare con la carta di credito?

24.8.

Where's the closest ATM?

Dov'è il bancomat più vicino?

24.9.

I need to get some cash for tonight

Ho bisogno di qualche soldo per stasera

24.10.

The bill is covered

Il conto è coperto

24.11.

I'll pay for everything

Pagherò per tutto

24.12.

Please let me pay the bill

Per favore fatemi pagare il conto

24.13.

Can we split the bill?

Possiamo dividere il conto?

24.14.

How much do I owe you?

Quanto le devo?

24.15.

Let me get my wallet

Fammi prendere il portafogli

24.16.

My wallet is in the car, I'll be right back

Il mio portafoglio è in macchina, torno subito

24.17.

There are no ATMs here

Non ci sono bancomat qui

24.18.

Can you lend me some money until tomorrow?

Potresti prestarmi dei soldi fino a domani?

24.19.

Can I write you a check?

Posso farti un assegno?

24.20.

Can you accept my Visa card?

Accettate la mia carta Visa?

24.21.

Is there any problem with my card?

C'è qualche problema con la mia carta?

24.22.

Can I check my account balance?

Posso controllare il saldo del mio conto?

24.23.

I need to get to the bank right now

Ho bisogno andare in banca proprio adesso

24.24.

I have a problem regarding money

Ho un problema con i soldi

24.25.

I'd like to withdraw some money

Vorrei prelevare dei soldi

25. Passport
Passaporto

25.1.

Do you need to check our passports?

Avete bisogno di controllare i nostri passaporti?

25.2.

Is my passport valid?

Il mio passaporto valido?

25.3.

Where did you put our passports?

Dove hai messo i nostri passaporti?

25.4.

I lost my passport. What should I do?

Ho perso il mio passaporto. Cosa dovrei fare?

25.5.

My passport expired. What should I do?

Il mio passaporto è scaduto. Cosa dovrei fare?

25.6.

When can I expect my passport to be ready?

Quando posso sperare che il mio passaporto sia pronto?

25.7.

Could I see your passport?

Posso vedere il suo passaporto?

25.8.

My passport is in my pocket, where is yours?

Il mio passaporto è in tasca, dove è il vostro?

25.9.

How long will my passport be valid?

Quanto durerà la validità del mio passaporto?

25.10.

Where is the passport control?

Dove si trova il controllo dei passaporti?

25.11.

Do I need to go through passport control?

Ho bisogno di passare attraverso il controllo dei passaporti?

25.12.

Do little children need their own passports?

I bambini piccoli hanno bisogno dei loro passaporti?

25.13.

Make sure you always know where your passport is

Assicurati di sapere sempre dove sia il tuo passaporto

25.14.

It's the best to keep the passport on hand

La cosa migliore è avere il passaporto a portata di mano

25.15.

What number should I call if I lose my passport?

Quale numero devo chiamare se perdo il mio passaporto?

25.16.

If I lose my passport, should I go to the

embassy?

Se perdo il mio passaporto, dovrei andare all'ambasciata?

25.17.

We're traveling together; here are our passports

Stiamo viaggiando insieme; ecco i nostri passaporti

25.18.

What happens if my passport expires while I'm abroad?

Cosa succede se il mio passaporto scade mentre sono all'estero?

25.19.

I have a question regarding my passport status

Ho una domanda per quanto riguarda lo stato del mio passaporto

25.20.

Where can I travel with my passport?

Dove posso viaggiare con il mio passaporto?

25.21.

Is just a passport enough?

Un passaporto solo è abbastanza?

25.22.

Do I need anything else besides passport?

Ho bisogno di nient'altro oltre che al passaporto?

25.23.

Can I get my passport back?

Posso riavere il mio passaporto?

25.24.

Do I need to show my passport on the airport?

Devo mostrare il mio passaporto in aeroporto?

25.25.

Do I need the passport for traveling to ... ?

Ho bisogno del passaporto per un viaggio in ...?

25.26.

Can you help me find my passport? It's here somewhere

Potete aiutarmi a trovare il mio passaporto? È qui da qualche parte

26. Personal accidents
Incidenti personali

26.1.

I'm hurt, I need help

Sono ferito, ho bisogno di aiuto

26.2.

My foot is stuck, can you help me?

Il mio piede è bloccato, mi puoi aiutare?

26.3.

I've hurt my arm

Mi sono fatto male al braccio

26.4.

Here's where it hurts

Ecco dove fa male

26.5.

Call the fire department

Chiami i vigili del fuoco

26.6.

The hotel is on fire, hurry up

L'hotel è in fiamme, sbrigati

26.7.

Do you know CPR?

Conosci il CPR?

26.8.

I need a hospital urgently

Ho bisogno con urgenza di un ospedale

26.9.

The thief just attacked me, call the police

Il ladro mi ha attaccato, chiama la polizia

26.10.

They took all my money and documents

Hanno preso tutti i miei soldi e documenti

26.11.

Please block my credit card, it's been stolen

La prego di bloccare la mia carta di credito, è stata rubata

26.12.

Where is the police station?

Dove si trova la stazione di polizia?

26.13.

It's an emergency

È un'emergenza

26.14.

Is the fire department on their way?

I vigili del fuoco stanno arrivando?

26.15.

I've been robbed, call the police

Sono stato derubato, chiama la polizia

26.16.

He's the thief

È lui il ladro

26.17.

He stole my wallet

Ha rubato il mio portafogli

27.   Personal information

Informazioni personali

27.1.

What's your last name?

Qual è il tuo cognome?

27.2.

Can I get your phone number?

Posso avere il tuo numero di telefono?

27.3.

Can I get your business card?

Posso avere il tuo biglietto da visita?

27.4.

Here's my card with all the information

Ecco il mio biglietto con tutte le informazioni

27.5.

What's your email address?

Qual è il tuo indirizzo e-mail?

27.6.

Where are you from?

Da dove vieni?

27.7.

Where do you live?

Dove vivi?

27.8.

Can I get your address?

Posso avere il tuo indirizzo?

27.9.

What's your room number?

Qual è il tuo numero di camera?

27.10.

Are you married?

Sei sposato?

27.11.

Do you have children?

Hai bambini?

27.12.

Can I call you if I need you?

Posso chiamarti se mi serve?

27.13.

Can I count on you to send me that? Here's my address

Posso contare su di te per inviarmi questo? Ecco il mio indirizzo

28. Phone
Telefono

28.1.

Can I call you later?

Posso chiamarti più tardi?

28.2.

Here's my phone number

Ecco il mio numero di telefono

28.3.

You can reach me on this number

Mi puoi raggiungere a questo numero

28.4.

Do you have his phone number?

Hai il suo numero di telefono?

28.5.

Where can I get emergency numbers for the country I'm going to?

Dove posso trovare i numeri di emergenza per il paese in cui ho intenzione di andare?

28.6.

What's the number for the police?

Qual è il numero della polizia?

28.7.

What's the number for the ambulance?

Qual è il numero dell'ambulanza?

28.8.

What's the number for the fire department?

Qual è il numero dei vigili del fuoco?

28.9.

How can I reach the hotel?

Come posso raggiungere l'hotel?

28.10.

Have you written down the hotel's phone number?

Hai scritto il numero di telefono dell'hotel?

28.11.

Is this the number for the airport?

È questo il numero dell'aeroporto?

28.12.

Hello, can I speak to ...?

Salve, posso parlare con ...?

28.13.

I need to speak to ..., do I have the right number?

Ho bisogno di parlare con ..., ho il numero giusto?

28.14.

Can I call you again? The signal is bad

Posso chiamarti di nuovo? Il segnale è disturbato

28.15.

I'm afraid you have the wrong number

Temo di avere il numero sbagliato

28.16.

Can I leave a message for ... ?

Posso lasciare un messaggio per ...?

28.17.

Can you tell him to call me?

Puoi dirgli di chiamarmi?

28.18.

Please don't call me after 9pm

Si prega di non chiamarmi dopo le 9pm

28.19.

You won't be able to reach me during the weekend

Non sarai in grado di raggiungeremi durante il fine settimana

28.20.

Would you give me your phone number so I can call you tomorrow?

Mi daresti il tuo numero di telefono in modo che possa chiamarti domani?

28.21.

My phone will be unavailable for the next week

Il mio telefono non sarà disponibile per la prossima settimana

28.22.

Write me an email instead

Scrivimi una mail invece

28.23.

It seems like I've lost your number

Sembra che abbia perso il tuo numero

28.24.

I couldn't reach you this morning, what's going on?

Non riuscivo a raggiungerti questa mattina, che cosa sta succedendo?

28.25.

My battery is going to die, do you have a charger?

La mia batteria sta per scaricarsi, hai un caricabatterie?

28.26.

Can I charge my phone here?

È possibile ricaricare il mio telefono qui?

29. Plane and airport
Aereo ed aeroporto

29.1.

I've got a ticket to …

Ho un biglietto per …

29.2.

Where can I check my ticket?

Dove posso controllare il mio biglietto?

29.3.

I only have a carry on

Ho solo un bagaglio a mano

29.4.

I have 2 suitcases, can I check them now?

Ho 2 valigie, le posso registrareadesso?

29.5.

What is the maximum luggage weight?

Qual è il peso massimo dei bagagli?

29.6.

I would like to confirm my flight

Vorrei confermare il mio volo

29.7.

Can you confirm my ticket number?

Puoi confermare il numero del mio biglietto?

29.8.

Can I get the window seat?

Posso avere il posto vicino al finestrino?

29.9.

Can I get the aisle seat?

Posso avere il posto in corridoio?

29.10.

I have a ticket; can I schedule a departure date?

Ho un biglietto; posso pianificare una data di partenza?

29.11.

Can I change my departure date to ... ?

Posso cambiare la mia data di partenza per ...?

29.12.

I would like to leave on ... , if there are

available seats

Vorrei partire il ..., se ci sono posti disponibili

29.13.

Would my bag fit over the seat?

La mia valigia può entrare sotto il sedile?

29.14.

Can I have a seat closest to the emergency exit?

Posso avere un posto vicino all'uscita di emergenza?

29.15.

Which gate do I need to go to?

In quale gatedevo andare?

29.16.

What is the gate number?

Qual è il numero di gate?

29.17.

Can you point me towards the gate?

Puoi indicarmi il gate?

29.18.

How do I get to the gate?

Come posso raggiungere il gate?

29.19.

When should I be at the gate?

Quando devo essere al gate?

29.20.

I'm looking for the north terminal.

Sto cercando il terminale nord.

29.21.

Where can I claim my luggage?

Dove posso riavere il mio bagaglio?

29.22.

Could you please help me with my bags?

Puoiaiutarmi con i miei bagagli per favore?

29.23.

Can you repeat the flight number?

Puoi ripetere il numero del volo?

29.24.

Here's my passport and boarding card

Ecco il mio passaporto e carta d'imbarco

29.25.

Will there be a delay?

Ci sarà un ritardo?

29.26.

How long does the flight take?

Quanto dura il volo?

29.27.

Do you serve food and drinks?

Servite cibo e bevande?

29.28.

Can I unfasten my seatbelt now?

Posso slacciare la cintura di sicurezza, adesso?

30. Professions
Professioni

30.1.

I'm a lawyer
Sono un avvocato

30.2.

Are you a nurse?
Sei un infermiera?

30.3.

So, he's an executive?
Quindi, sei un dirigente?

30.4.

We need an electrician
Abbiamo bisogno di un elettricista

30.5.

I could use a hairdresser now
Necessiterei di un parrucchiere ora

30.6.

Are you an engineer, too?
Sei anche un ingegnere?

30.7.

Do you work as a librarian?
Lavori come bibliotecario?

30.8.

Is he a famous actor?

Sei un attore famoso?

30.9.

This tailor is really good

Questo sarto è veramente bravo

30.10.

I'll take you to the doctor

Ti porterò dal medico

30.11.

Do you know some good mechanist?

Conosci qualche buon meccanico?

30.12.

Is there any reliable butcher near?

C'è qualche macellaio affidabile qui vicino?

30.13.

I need to see a dentist today

Ho bisogno di vedere un dentista oggi

30.14.

What is your occupation?

Che lavoro fai?

30.15.

Where do you work?

Dove lavori?

31.   Restaurant
Ristorante

31.1.

Do you know any good restaurants?

Conosci qualche buon ristorante?

31.2.

Where's the nearest restaurant?

Dov'è il ristorante più vicino?

31.3.

Would you join me for lunch?

Vuoi unirti a me per il pranzo?

31.4.

Be my guest for dinner tonight

Diventa mio ospite per cena stasera

31.5.

Do you have any free tables?

Hai qualche tavolo libero?

31.6.

A table for four, please

Un tavolo per quattro, per favore

31.7.

I'd like to make a reservation

Vorrei fare una prenotazione

31.8.

I'd like to book a table, please

Vorrei prenotare un tavolo, per favore

31.9.

Tonight at ... o'clock

Stasera alle ore ...

31.10.

Tomorrow at ... o'clock

Domani alle ore ...

31.11.

I've got a reservation under the name ...

Ho una prenotazione a nome di ...

31.12.

Could I see the menu, please?

Posso vedere il menu, per favore?

31.13.

Can we get something to drink?

Possiamo prendere qualcosa da bere?

31.14.

Can we order now?

Possiamo ordinare ora?

31.15.

Do you have any specials?

Avete delle offerte speciali?

31.16.

What's the soup of the day?

Qual è la minestra del giorno?

31.17.

What do you recommend?

Che cosa mi consiglia?

31.18.

What's this dish?

Che piatto è questo?

31.19.

I'm allergic to ...

Sono allergico a ...

31.20.

I'm a vegetarian, what do you recommend?

Io sono vegetariana, cosa mi consiglia?

31.21.

I'd like my stake medium-rare

Vorrei la mia bistecca poco cotta

31.22.

I prefer the stake to be well done

Io preferisco la bistecca ben cotta

31.23.

We're in a hurry, when can we be served?

Stiamo di fretta, quando possiamo essere serviti?

31.24.

How long will it take?

Quanto tempo ci vorrà?

31.25.

What is your wine selection?

Qual è la vostra scelta di vini?

31.26.

Do you have any desserts?

Avete dessert?

31.27.

Could I see the dessert menu?

Posso vedere il menu dei dessert?

31.28.

Can you take this back, it's cold

Potete riprendervelo? è freddo

31.29.

Can I get the new serving, this is too salty

Posso avere un'altra portata? questa è troppo salata

31.30.

This doesn't taste right, can I change my order?

Questo non ha un buon sapore, posso cambiare il mio ordine?

31.31.

We've been waiting a long time, can you help us?

Abbiamo aspettato molto, potete aiutarci?

31.32.

Is our meal on its way?

Il nostro pasto sta arrivando?

31.33.

Will our food be long?

Ci vorrà molto tempo per il nostro cibo?

31.34.

Could we have the bill, please?

Potremmo avere il conto, per favore?

31.35.

Do you take credit cards?

Accettate carte di credito?

31.36.

Can we pay separately?

Possiamo pagare separatamente?

31.37.

Please bring us another bottle of wine

Per favore ci porti un'altra bottiglia di vino

31.38.

Please bring us some more bread

Per favore ci porti dell'altro pane

31.39.

Can we have a jug of tap water?

Possiamo avere una caraffa di acqua di rubinetto?

31.40.

Can I have some water, please?

Posso avere un po 'd'acqua, per favore?

31.41.

What kind of meat is this?

Che tipo di carne è questa?

31.42.

How do you prepare the pork?

Come preparate la carne di maiale?

31.43.

I'm allergic to nuts, please don't put them in

Sono allergico alle noci, per favore non le metta

31.44.

Sorry, but I suffer from allergy from shellfish

Mi dispiace, ma soffro di allergia da crostacei

31.45.

Do you have chicken breasts?

Avete petti di pollo?

31.46.

Have you got roasted turkey?

Hai arrostito tacchino?

31.47.

I'll have the roast beef, please

Vorrei il roast beef, per favore

31.48.

What's your pasta selection?

Qual è la vostra selezione di pasta?

31.49.

What kind of beans do you serve?

Che tipo di fagioli servite?

31.50.

Can I get the salt?

Posso avere del sale?

31.51.

Could you pass the pepper?

Potresti passarmi il pepe?

31.52.

Can you bring the olive oil?

Puoi portare l'olio d'oliva?

31.53.

Can you put vinegar in the salad?

Puoi mettere l'aceto nell'insalata?

31.54.

Do you have any seafood?

Avete dei frutti di mare?

31.55.

I'll have bacon and eggs

Vorrei pancetta e uova

31.56.

Can I get some sausages?

Posso avere delle salsicce?

31.57.

Do you serve fried chicken?

Servite il pollo fritto?

31.58.

I'll have baked potatoes with that

Vorrei patate al forno con quello

31.59.

Can I order some grilled chicken?

Posso ordinare un po'di pollo alla griglia?

31.60.

I'll have a piece of chocolate cake

Vorrei un pezzo di torta al cioccolato

31.61.

I'll have ice cream for a desert

Vorrei del gelato come dessert

31.62.

Croissant and coffee, please

Cornetto e caffè, per favore

31.63.

Two pancakes with honey for me

Due frittelle con mielc per me

31.64.

Is smoking allowed?

È consentito fumare?

32.   Supermarket

Supermercato

32.1.

What times are you open?

A quali orari siete aperti?

32.2.

Are you open on Saturday?

Siete aperti di Sabato?

32.3.

Do you work on Sunday?

Lavorate di Domenica?

32.4.

What time do you close today?

A che ora chiudete oggi?

32.5.

What time do you open tomorrow?

A che ora aprite domani?

32.6.

How much is this?

Quant'è questo?

32.7.

How much does this cost?

Quanto costa questo?

32.8.

I'll pay in cash

Pagherò in contanti

32.9.

Do you accept credit cards?

Accettate carte di credito?

32.10.

Could I have a receipt, please?

Potrei avere una ricevuta, per favore?

32.11.

Could you tell me where the ... is?

Potrebbe dirmi dov'è il ...?

32.12.

Could I have a carrier bag, please?

Potrei avere un sacchetto di plastica, per favore

32.13.

Can you help me pack my groceries?

Potete aiutarmi a impacchettare la mia spesa?

32.14.

Here's my loyalty card

Ecco la mia carta fedeltà

32.15.

Where can I find milk?

Dove posso trovare il latte?

32.16.

What kind of bread should we buy?

Che tipo di pane dovremmo comprare?

32.17.

Could you tell me where the meat section is?

Potresti dirmi dirmi dov'è il reparto carne?

32.18.

Where can I find the frozen food?

Dove posso trovare I surgelati?

32.19.

I would like some cheese, please

Vorrei un po'di formaggio, per favore

32.20.

Do you have frozen pizza?

Avete pizza surgelata?

32.21.

I want to buy some ham

Voglio comprare un po'di prosciutto

32.22.

Do you have black olives?

Avete olive nere?

32.23.

I need some bottled water

Ho bisogno di acqua in bottiglia

32.24.

We need orange juice

Ci serve succo d'arancia

32.25.

Please show me where's the fruit aisle

Per favore mi mostri dov'è il reparto frutta

32.26.

What vegetables do we need for the salad?

Di che verdure abbiamo bisogno per l'insalata?

32.27.

Can I get some chicken wings?
Posso averedelle ali di pollo?

33.   Taxi
Taxi

33.1.

Do you know where I can get a taxi?
Sai dove posso trovare un taxi?

33.2.

Do you have a taxi number?
Hai il numero di un taxi?

33.3.

I need the taxi. My address is ...
Ho bisogno del taxi. Il mio indirizzo è ...

33.4.

Do you have an available vehicle right now?
Avete un veicolo a disposizione in questo momento?

33.5.

I'm at the ... street
Sono in via ...

33.6.

I'll wait in front of the post office on ... street?

Aspetterò di fronte all'ufficio postale in ... strada?

33.7.

How long will I have to wait?

Quanto tempo dovrò aspettare?

33.8.

Can you send a larger vehicle?

Puoi mandare un veicolo più grande?

33.9.

I'd like to go to ...

Dovrei andare a ...

33.10.

Could you take me to ...?

Mi può venire a prendere a ...?

33.11.

I need to be at the airport in 30 minutes

Ho bisogno di essere all'aeroporto tra 30 minuti

33.12.

I have a train in 40 minutes, please hurry

Ho un treno tra 40 minuti, la prego di fare in fretta

33.13.

Try to avoid the jam

Cerchi di evitare l'ingorgo

33.14.

Can you put my bags in the trunk?

Potete mettere le mie borse nel bagagliaio?

33.15.

How long will the journey take?

Quanto durerà il viaggio?

33.16.

Do you mind if I open the window?

Ti dispiace se apro la finestra?

33.17.

Can you please close the window?

Puoi chiudere la finestra per favore?

33.18.

Are we almost there?

Siamo quasi arrivati?

33.19.

Can you hurry up?

Puoi andare più in fretta?

33.20.

That's fine, keep the change

Va bene, tenga il resto

33.21.

Could I have a receipt, please?

Potrei avere una ricevuta, per favore?

33.22.

Could you pick me up here tonight at ...?

Potrebbe venire a prendermi qui stasera a ...?

33.23.

Could you wait for me here?

Potresti aspettarmi qui?

33.24.

How much do you charge waiting?

Quanto costa l'attesa?

33.25.

Can you stop in front of the pharmacy?

Si può fermare di fronte alla farmacia?

33.26.

Please take me downtown

Per favore mi venga a prendere in centro

33.27.

Drive me to the theatre...

Mi porti a teatro ...

34. Theatre
Teatro

34.1.

Is the theatre in this town any good?

Il teatro di questa città è buono?

34.2.

What's on the repertoire for this week?

Qual è il repertorio per questa settimana?

34.3.

Is there anything on at the theatre this week?

C'è qualcosa al teatro questa settimana?

34.4.

Any interesting plays this month?

Ci sono spettacoli interessanti questo mese?

34.5.

Do you know is there any play tonight?

Sapete se c'è qualche spettacolo stasera?

34.6.

When's does the play start?

Quando di inizia lo spettacolo?

34.7.

Does anyone I might have heard of in the play?

C'è qualcuno di cui ho sentito parlare nello spettacolo?

34.8.

What type of production is it?

Di che tipo di produzione si tratta?

34.9.

What time does the performance start?

A che ora inizia lo spettacolo?

34.10.

What time does it finish?

A che ora finisce?

34.11.

Where's the cloakroom?

Dov'è il guardaroba?

34.12.

Could I have a program, please?

Potrei avere un programma, per favore?

34.13.

Shall we order some drinks for the interval?

Vogliamo ordinare delle bevande per l'intervallo?

34.14.

We'd better go back to our seats, it's starting

Sarà meglio tornare ai nostri posti, sta per iniziare

34.15.

Shall we sit on a balcony?

Ci sediamo su un balcone?

34.16.

Check the tickets for our seat numbers

Controlla i biglietti per i nostri numeri di posto

35. Time and date
Ora e data

35.1.

What time is it?

Che ore sono?

35.2.

What date is it today?

Qual è la data di oggi?

35.3.

I'll be there around three-fifteen

Io sarò in giro per le tre e quindici

35.4.

It's half past five, let's meet in an hour

È alle cinque e mezza, vediamoci tra un'ora

35.5.

I'll be there around two o'clock

Sarò lì intorno due

35.6.

Expect me around quarter to four

Aspettami intorno alle quattro meno un quarto

35.7.

Please arrive on time

Ti prego di arrivare in tempo

35.8.

When did you meet him?

Quando lo hai incontrato?

35.9.

Should I come back in thirty minutes?

Dovrei ritornare tra 30 minuti?

35.10.

Which day is it?

Che giorno è?

35.11.

I've been there for a few months

Io ci sono stato per un paio di mesi

35.12.

Can I see you later this month?

Posso vedere più in là questo mese?

35.13.

I remember you. Were you here last year?

Mi ricordo di te. Eri qui l'anno scorso?

35.14.

I won't be available until next month

Non sarò disponibile fino al mese prossimo

35.15.

Is it always this crowded on/ the weekends?

È sempre affollato / i fine settimana?

35.16.

Talk to you tomorrow morning

Ci sentiamo domani mattina

35.17.

I'll probably be back in a few days

Probabilmente tornerò entro pochi giorni

35.18.

I've been waiting for awhole hour

Ho aspettato per un'ora intera

35.19.

I met him last Friday

L'ho incontrato lo scorso Venerdì

35.20.

When can I expect you?

Quando posso aspettarti?

35.21.

I'll come on Wednesday

Verrò Mercoledì

35.22.

What are your plans for the winter?

Quali sono i tuoi progetti per l'inverno?

36. Train travel
Viaggiare in treno

36.1.

Can I get a first class single ticket?

Posso avere un biglietto singolo per la prima classe?

36.2.

Give me two first class return tickets

Mi dia due biglietti di ritorno in prima classe

36.3.

I would like a child single

Vorrei un bigliettosingolo per bambini

36.4.

I need one child return

Vorrei un biglietto di ritornoper bambini

36.5.

What time's the next train to ...?

A che ora il prossimo treno per ...?

36.6.

Can I buy a ticket on the train?

Posso acquistare un biglietto sul treno?

36.7.

How much is a first class return to ...?

Quanto costa un biglietto di ritorno per ...in prima classe?

36.8.

Which platform do I need for ...?

Di che binario ho bisogno per... ?

36.9.

Is this the right platform for ...?

È questoil binario giustoper ...?

36.10.

Where can I see the timetable?

Dove posso vedere la tabella oraria?

36.11.

How often do the trains run to ...?

Con quale frequenza passano i treni per ...?

36.12.

I'd like to renew my season ticket, please

Vorrei rinnovare il mio abbonamento, per favore

36.13.

The train's running late

Il treno è in ritardo

36.14.

The train's been cancelled

Il treno è stato annullato

36.15.

Does this train stop at ...?

Questo treno si ferma a ...?

36.16.

Is there a buffet car on the train?

C'è un vagone ristorante sul treno?

36.17.

Do you mind if I open the window?

Ti dispiace se apro la finestra?

36.18.

Does this train terminate here?

Questo treno termina la sua corsa qui?

36.19.

Where should I put my personal belongings?

Dove devo mettere i miei effetti personali?

36.20.

How many stops is it to ...?

Tra quante fermate è ...?

36.21.

How much is the ticket to ...?

Quanto costa il biglietto per ...?

36.22.

Is there a reduced fare for children?

C'è una tariffa ridotta per i bambini?

36.23.

Is there a reduced fare for large families?

C'è una tariffa ridotta per le famiglie?

36.24.

Where is the train station?

Dove si trova la stazione ferroviaria?

36.25.

Where can we buy tickets?

Dove possiamo acquistare i biglietti?

36.26.

What time will the train to ... leave?

A che ora partirà il treno per ...?

36.27.

Where is platform number ...?

Dove si trova il binario numero ...?

37. Visa
Visto

37.1.

Do I need a visa to go to...?

Ho bisogno di un visto per andare a ...?

37.2.

I don't have a visa. Can I still go to...?

Io non houn visto. Posso ancora andare a ...?

37.3.

I need a visa for ... .What should I do?

Ho bisogno di un visto per .... Cosa dovrei fare?

37.4.

When is my visa expiring?

Quando scade il mio visto?

37.5.

Can I stay for a month with this visa?

Posso restare per un mese con questo visto?

37.6.

Which documents do I need to get a visa?

Di quali documenti ho bisogno per ottenere un visto?

37.7.

Is my visa ready?

Il mio visto è pronto?

37.8.

When can I get the visa?

Quando posso avereil visto?

37.9.

I need a tourist visa, what should I do?

Ho bisogno di un visto turistico, che cosa devo fare?

37.10.

Who should I talk to about visa extension?

Con chi devo parlare per l'estensione del visto?

37.11.

Do kids need visas?

I ragazzi hanno bisogno di un visto?

37.12.

What will happen if our visa expires?

Cosa succederà se il nostro visto scade?

37.13.

How long does the tourist visa last?

Quanto dura il visto turistico?

37.14.

I need a work visa for United States

Ho bisogno di un visto di lavoro per gli Stati Uniti

37.15.

Which countries can I go to without visa?

In quali paesi posso andare senza visto?

37.16.

When can I expect your call regarding my visa status?

Quando posso aspettarmi di essere chiamato per quanto riguarda lo stato del mio visto?

37.17.

Is this the paper that confirms that I have visa?

È questo il documento che conferma che ho il visto?

37.18.

IIow long does the process of getting visa last?

Quanto dura il processo per l'ottenimento di un visto?

37.19.

Do I need anything else besides visa?

Ho bisogno di nient'altro oltre che al visto?

37.20.

Am I going to need a letter of guarantee or

just a visa?
Avrò bisogno di una lettera di garanzia o solo di un visto?

38. Weather
Clima

38.1.
What's the weather like there?
Com'è il tempo là?
38.2.
Is it going to rain next week?
Pioverà la prossima settimana?
38.3.
Do you think there will be snow?
Pensi che ci sarà la neve?
38.4.
Can I expect sunny vacation?
Posso aspettarmi una vacanza assolata?
38.5.
I'm going with the car. Is there any fog?
Io vado con la macchina. C'è nebbia?
38.6.
Will the weather affect my flight?
Il tempo influirà sul mio volo?

38.7.

Are we still going if it starts snowing?

Andremo lo stesso se inizierà a nevicare?

38.8.

Is there any snow on the mountains?

C'è la neve sulle montagne?

38.9.

Are we going to be able to go skiing?

Potremmo andare a sciare?

38.10.

Is it warm enough for swimming?

C'è abbastanza caldo per nuotare?

38.11.

Will it still rain tomorrow?

Pioverà ancora domani?

38.12.

What's the forecast for ...?

Qual è il tempo per ...?

38.13.

Do you think we'll arrive on time with this storm?

Pensi che arriveremo in tempo con questa tempesta?

38.14.

Do I need the winter clothes?

Ho bisogno di vestiti invernali?

38.15.

Should I pack some warm shoes?

Devo mettere scarpe calde in valigia?

38.16.

Should I bring the jacket?

Devo portare la giacca?

38.17.

Are you expecting bad weather in the next 10 days?

Ci si aspetta brutto tempo nei prossimi 10 giorni?

38.18.

It's really cloudy; do you think it will rain tonight?

È davvero nuvoloso; pensi che pioverà stanotte?

38.19.

Made in the USA
Middletown, DE
08 June 2018